ホース延長・整理がうまくなる

ホーストレーニング

大和市消防本部 編著

動画 ▶ プラス ＋

東京法令出版

はじめに

　平成から令和へと元号も改まり、消防を取り巻く環境も日々進化、発展を続けています。

　近年は火災件数が減少したため、訓練の成果を火災現場で活かすことや、火災現場を経験して「模倣して、学ぶ」機会が少なくなり、若い職員への指導方法の転換が、現実的な課題となっています。

　こうした背景から、最優先で指導するべき消防隊の技術の一つとして考えついたのが、火災現場で最も重要な、ホース延長・整理を効率的に扱う技術を養うことでした。

　このことから、訓練をトレーニングベースに転換して、「毎日」「少しでも」「一人でも」ホースに触ることを念頭に置き、「ホーストレーニング」として体系化させました。今回、「ホーストレーニング」を書籍化させていただきますが、本書が火災現場の状況に適したホース延長・整理に結びつき、より安全・確実・迅速な消防活動の一助となれば幸いです。

　令和３年６月

　　　　　　　　　　　　　　　大和市消防本部

　　　　　　　　　　　　　　　消防長　　板鼻　一弘

トレーニングタイム記録表について

　次のとおり登録していただくと、ホーストレーニングの結果（タイム）を記録、保存することができます。

　日々の訓練成果の蓄積・確認にご活用ください。

記録表を利用するには利用者登録が必要です

トレーニング
タイム記録表はこちら！

❶　新規登録画面を表示して、メールアドレスを入力してください。

❷　登録いただいたメールアドレス宛にパスワードをお送りします。

　※必ず利用規約を確認してください。

❸　ログインしていただくと、タイムの記録・確認ができます。

❹　操作方法は、メニュー画面から「マニュアル」をご覧ください。

ホーストレーニングを動画でチェック！

　本書は、ホーストレーニングを動画で紹介しています。

　スマートフォンやタブレット端末を使ってQRコードを読み取っていただくと、動画をご覧になれます。

check !!

動画で
見よう!!

ホース延長・整理がうまくなる
　ホーストレーニング ご購読者 各位

　　　　　　　　　　　　東京法令出版株式会社

『トレーニング記録専用アプリ』サービスの提供終了のお知らせ

　このたびは、「ホース延長・整理がうまくなる ホーストレーニング」を
ご購入いただき、誠にありがとうございます。

　本書籍に付属した「トレーニング記録専用アプリ」ですが、令和
6年7月26日をもちまして提供終了となりました。

　アプリ利用をご検討されている客様には、大変ご不便をおかけい
たします。誠に申し訳ございません。
　ご寛恕のほど、何卒よろしくお願い申し上げます。

目　　次

はじめに

第 1 章　消防用ホースについて

第 2 章　ホーストレーニング

目　次

隊員の紹介

G隊長

元気が1番・笑顔が
2番な消防隊長

S隊員

若手の兄貴分的な存
在の隊員

K隊員

研究熱心で向上心をい
つも持っている隊員

Y隊員

センスがあり、努力
も忘れない若手隊員

第1章
消防用ホースについて

G隊長

隊員集まれ〜〜
ホーストレーニングを行う前に
消防用ホースの基礎知識を勉強するぞ‼

よし‼
お願いしま〜す‼

S隊員　Y隊員　K隊員

G隊長

まずは、消防用ホースについて説明するぞ‼

1 消防用ホースの構造

① 構 造

標準ホース・・・・たて糸及びよこ糸はポリエステル製

強化ホース・・・・アラミド繊維で強化されたホース

アラミド繊維・・・ポリアラミドの合成繊維の商品名。強度・弾力性・耐熱性に優れる。(弾力性はホースが跳ね返る反発性を意味する。)

② ジャケットとライニング

　消防活動に用いられている消防用ホースは、表面が筒状に織られた繊維織物でできている。

　これを「**ジャケット**」と呼び、ジャケットの内側に施されたゴムや合成樹脂などの内張りの樹脂を「**ライニング**」と呼ぶ。

　ジャケットはホースの耐久性や強度を支え、ライニングは主に水漏れ防止の役割を担っている。

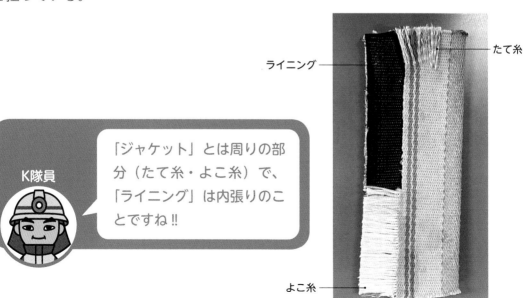

ライニング

たて糸

よこ糸

K隊員

「ジャケット」とは周りの部分（たて糸・よこ糸）で、「ライニング」は内張りのことですね!!

③ 織り方

⑴ 平織・・・たて糸とよこ糸の比率（1：1）

　平織の特徴・・・平織は交織ともいい、たて糸とよこ糸が交互に織られている織組織。たて糸とよこ糸の交差する回数が多いため固さのあるホースとなっており自立性に優れる。

1：1

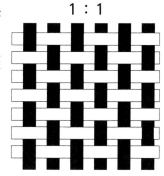

たて糸 … ■■■■
よこ糸 … □□□□

⑵ 綾織・・・たて糸とよこ糸の比率（2：1）

　綾織の特徴・・・平織に比べ、よこ糸とたて糸の交錯点の回数が少ないため柔軟性が増し、糸の密度を増やすことができ、厚地の織物になるので耐久性及び耐摩耗性に優れる。

2：1

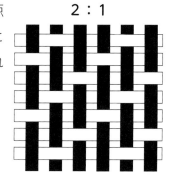

たて糸 … ■■■■
よこ糸 … □□□□

S隊員

織り方は、「平織」と「綾織」があるんですね‼

④ たて糸とよこ糸の役割

(1) 糸の役割

　通常、ホースの外側から見えるのはたて糸であり、よこ糸はたて糸に覆われていて見えない。

　たて糸は、耐摩耗性に優れており、よこ糸を保護する役割を担っている。

　よこ糸は、たて糸に覆われていることで劣化や摩耗から保護されている。ホースの破断圧力の高低に直接関係する糸でありホースの強度に影響している。

(2) 破断までの行程（例）

　通常、摩耗はたて糸からよこ糸の順に段階を追って切断される。まず、摩耗面に接触しているたて糸数本が一様に摩耗し、摩耗により切断されたたて糸の内側にあったよこ糸が露出し始める。

　よこ糸が露出した時点で、たて糸は摩耗面との接触箇所で細かく切断された状態となっており、よこ糸とライニングの間に残ったたて糸の一部がジャケットに残留している。

　その後、よこ糸とライニングの摩擦進行に伴い耐圧性が低下していく中で、ホース内圧による張力に対して、残ったよこ糸とライニングは破断を起こし、漏水に至る。

摩耗・破断の原因となるV字屈曲

破断

2 消防用ホースの種類

　消防用ホースは、平ホース、保形ホース、大容量泡放水砲用ホース及び濡れホースの４種類がある。

(1) 平ホース

　ジャケットにゴム又は合成樹脂のライニング（内張り）を施した消防用ホース（消防用濡れホース及び消防用保形ホースを除く。）のことをいう。ホースの表面にカラー塗装や耐摩耗性の樹脂を塗装した外面塗装ホース、ジャケットホース（内筒）に外筒（ジャケット・内張りはついていない。）をかぶせたダブルジャケットホース及び凍結対策の外面被覆ホースもあり、ジャケットにアラミド繊維を使用した、耐熱性・耐摩耗性のホースも販売されている。

ジャケットホース

Y隊員

全国の消防本部等で、
数多く使用されているホースですね‼

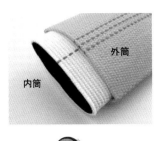

外筒

内筒

ダブルジャケットホース

S隊員

40mmホースのダブルジャケットは、
よく見ますね‼

⑵ 保形ホース

　易操作性1号消火栓や2号消火栓、補助散水栓及び広範囲型2号消火栓のように、一人で操作が可能な消火栓用のホースのことをいう。たて糸の材料は平ホースと変わらないが、よこ糸に剛性の高いモノフィラメント（釣り糸のようなもの）を使用しているため、一定の剛性があり、折りぐせがつきにくいので、通水時に保形性が保てることが特徴である。

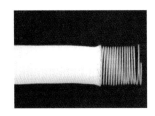

消防用保形ホース

⑶ 大容量泡放水砲用ホース（外面被覆ホース）

　石油コンビナート等災害防止法の一部改正（平成16年6月）により直径34m以上の浮き屋根式屋外タンクを有する特定事業所において、大容量泡放射システムの配備が義務付けられたため、消防用ホース規格にも追加されたものである。呼称は、製造事業者が設定した呼び径で良いとされていて、口径300mm位の文字どおり大容量のものが多くある。外面を樹脂・ゴム等で被覆したホースが主流で、その他の性能については、ほぼ平ホースと同様である。

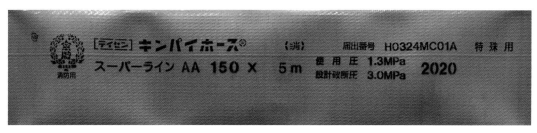

外面被覆ホース

⑷ 濡れホース

　ホースを熱から保護することを目的に、水流によりホース全体が均一に濡れる消防用ホースをいい、平ホースのライニングに通水性を持たせたものである。以前製造されていた麻ホースの長所を平ホースに取り入れたものである。

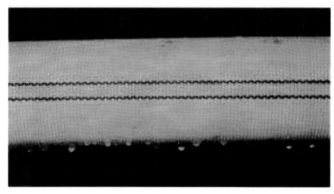

濡れホース

③ 消防用ホースの用途・使用圧等

　消防用ホースは、消防用ホースの技術上の規格を定める省令に基づき、用途や使用圧（常用最高使用圧力）に応じて、各社様々な商品を用意している。

1　消防用ホースの用途をホースの口径（呼称）で分けると以下のようになる。

呼称	200 以上	150・125・100	90・75・65・50・40	65・50・40・30・25・20
用途	大容量泡放水砲用	大量送水用	一般消防用	消火栓用

　呼称：ホースの内径の呼び径（例・呼称65の場合63.5〜66.5mmが規格値）

2　各社ごとに使用圧・形状・用途で分類した銘柄を以下に示す。

使用圧 (省令6条)	構造	社名&ブランド／用途	芦森工業㈱ ジェット	櫻護謨㈱ サクラ	帝国繊維㈱ キンパイ	㈱横井製作所 ヨコイ
2.0	ジャケットホース	ポンプ車用	ハイエース	ロケット 20	S(エス)	20
	ダブルジャケットホース	ポンプ車用 (耐摩耗性高)	ハイエースダブル	ロケット 20ダブル	D(ダブル)	W20
1.6	ジャケットホース	ポンプ車用	エース	ロケット 16	A(エー)	H16
1.3	ジャケットホース	ポンプ車・可搬ポンプ用 (ハイグレード)	ダイヤ	ロケット 13	AA (ツーエー)	H13
		ポンプ車・可搬ポンプ用	スター	ロケット 13S	AAA (スリーエー)	13
1.0 〜 2.0	保形ホース	易操作性 1号消火栓、 2号消火栓、 又は広範囲型 2号消火栓	イチゴー ニゴー	ロケット 10/ ロケット 20	ワンマン イージー	SE / EC
0.9	ジャケットホース	消火栓	エーワンF	ロケット ハイドラー 09	Top(トップ)	EcoSen9/Sen9
		消火栓（屋内用）				
0.7	ジャケットホース	消火栓	ビルタフ	ロケット ハイドラー 07T	SP-B	EcoSenH7
		消火栓（屋内用）	ビル S	ロケット ハイドラー 07	ビル	EcoSen7/Sen7

・使用圧：常用最高使用圧力【単位：MPa（メガパスカル）　1 MPa ≒ 10.2kgf/cm²】
・消火栓（屋内用）は、屋内消火栓専用で床がコンクリート等の荒れた表面以外の場所用

3 内張りの材質・織り方で区分するとメーカー各社の商標は、以下のようになる。

内張り	織組織	芦森工業㈱	櫻護謨㈱	帝国繊維㈱	㈱横井製作所
ゴム	平織				
樹脂	平織	ライト＊	スーパー＊	SP—H—＊	ProPW＊
	綾織	ライト＊α	スーパー＊シグマX	SP—aya—＊	ProZF＊/ProST＊

・平織：たて糸・よこ糸が交互に織られた織組織（交織ともいう。）
・綾織：織り柄が綾目になった織組織（主として2/1綾織）
＊印の部分に各社の銘柄（グレード）が付く。

K隊員

所属で使用している銘柄や使用圧を
もう一度確認しましょう‼

4 消防用ホース及び周辺各部の名称

1 消防用ホースの各部の名称

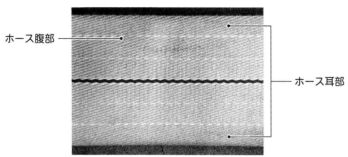

ホース腹部

ホース耳部

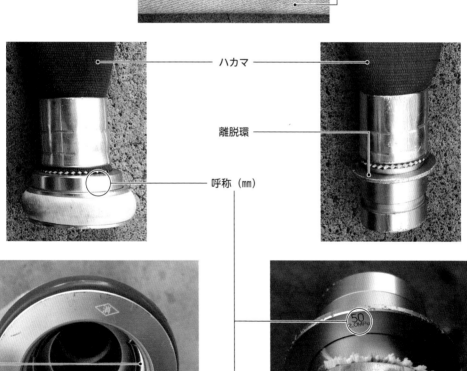

ハカマ

離脱環

呼称（mm）

ツメ

Y隊員

各部の名称って知っているようで
知りませんでした・・・

② 消防用ホースの結合金具の装着方法

　消防用ホースと結合金具を装着する方法は、大きく分けるとワイヤー巻きとリング締めに分けることができ、リング締めについてはさらに**エキスパンリング方式**（ホースの内側にリングを入れ、このリングを押し広げ、金具と消防用ホースを固定する方法）と**アウトリング方式**（ホースの外側にリングを取り付け、金具を消防用ホースの内側に挿入後、外からリングを変形させホースと金具を固定する方法）に分けられる。

　特殊な取り付け方法としては、ビンディング方式（ホースの中に金具を挿入し、外側に特殊な治具を用いてボルトで治具を締付けホースと金具を固定する方法）でホースを装着したものもある。

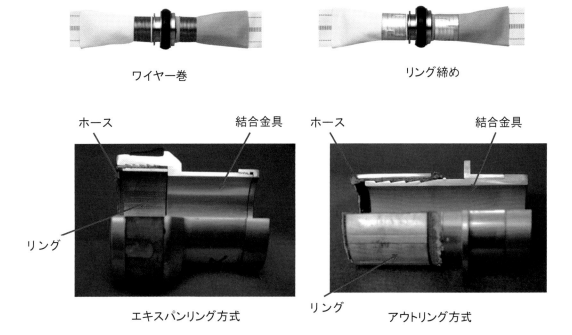

ワイヤー巻　　　　　　　　　　　　リング締め

ホース　　　　　　　　結合金具　　　ホース　　　　　　　　結合金具

リング　　　　　　　　　　　　　　　　　　　　　リング

エキスパンリング方式　　　　　　　　アウトリング方式

③ 消防用ホースの表示

　消防用ホースは、縦色線又は縦線を有し、次に掲げる事項が、見やすい箇所に容易に消えないよう表示されている（ただし、消防用保形ホース及び大容量泡放水砲用ホースにあっては、縦色線又は縦線がないものがある。）。

(1) 消防用である旨

(2) 製造者名又は商標

(3) 製造年

(4) 届出番号（国が定めた技術上の基準等に適合していることを製造業者自ら確認し、総理大臣に届けた際に付与される番号）※消防用ホースの届出番号は、「H」から始まる10桁の英数字記号を記載する形式で表示されている。

(5) 呼称（大容量泡放水砲用ホースを除く。）
長さ及び関連条項のただし書が適用されるものにあっては、その用途

(6) 「使用圧」という文字及び使用圧

(7) 「設計破断圧」という文字及び設計破断圧（設計破断圧が使用圧の３倍以上の平ホース、保形ホース及び濡れホース並びに大容量泡放水砲用ホースを除く。）

(8) ダブルジャケットのものにあっては、その旨

(9) 保形ホースにあっては、最小曲げ半径（ホースを円形に曲げた場合に、曲げる方向と直角方向の外径が５％増加したときの内円の半径の最小値をいう。）

(10) 大容量泡放水砲用ホースにあっては、次に掲げる事項
・大容量泡放水砲用
・呼び径
・使用圧を超えない動力消防ポンプに用いる旨

(11) 濡れホースにあっては、その旨の表示

S隊員

消防用ホースのジャケット部分や
カップリング部分には、
いろいろなことが書かれているんですね〜

そうなんだよ‼　自分の所属で保有している
ホースをもう一度みんなで確認することから
「ホーストレーニング」スタートだな‼

G隊長

④ 消防用ホースの自主表示と装着部の認定

【自主表示以降の第三者機関による消防用ホース適合確認品の合格表示】

種別	合格表示
消防用ホース	自主表示（事業者）　＋　品質評価適合表示（日本消防検定協会）
消防用ホースと 結合金具の装着部	認定適合表示（日本消防検定協会）

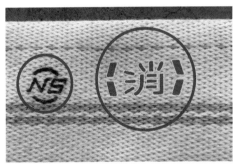

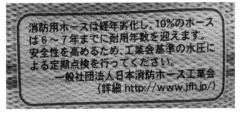

5 消防用ホースの結合金具の種類・特徴

　結合金具とは、消防用ホースや吸管の両端に装着され、ホースや吸管の相互持続などを行うためのものである。

　消防用ホースに使用している標準的な金具は**「町野式」**と呼ばれる**「差込式結合金具」**と、**「ねじ式結合金具」**の２種類が定番である。このうちほとんどの消防用ホースには差込式結合金具が採用されているが、一部の消防本部や「呼称75」以上の消防用ホースなどには、「ねじ式結合金具」や「特殊結合金具」が使用されているケースもある。

　こうした金具仕様やホース口径の違いが問題となったのが、平成７年に発生した阪神・淡路大震災である。この災害では応援部隊として全国の消防本部が応援に駆け付けたが、ホース結合方式の違いやホースの口径の違いなどにより連携に支障をきたすことがあった。

　こうした経験を踏まえ、平成８年３月29日付消防庁長官通知により緊急消防援助隊については**「呼称65」のホースの積載を徹底するよう指示**があり、平成９年１月22日付消防庁救急救助課長通知で媒介金具の周知徹底が図られた。

　通知により実際に装備を整備運用する各自治体が「町野式」への切り替えや変換媒介を準備することで、他本部との連携の際にスムーズなホースライン設定が可能になった。

1 差込式結合金具（町野式）

　差込式結合金具は、開発者の名前を取って**「町野式」**と呼ばれている。

　金具は差し口と受け口で構成され、差し口は３つの部品から、受け口は９つの部品から組み立てられている。

　受け口の内部にはつめが備わっており、差し口を押し込むと段階部分につめが引っかかってかみ合う。離脱の際は、差し口の押輪で受け口のつめを押し上げることで、容易に差し口と受け口を引き離すことができる。

差込式結合金具（町野式）

2 ねじ式結合金具

　ねじ式結合金具は、特に気密性を必要とする消防用吸管に使用されるのが一般的である。

　寒冷地域では、凍結した場合でも離脱などが行いやすいねじ式の消防用ホースを採用している本部がある。

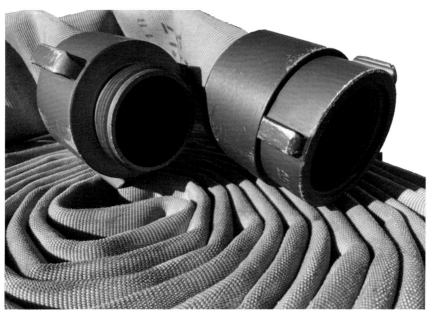

ねじ式結合金具

❸　ワンタッチ式結合金具

　従来の結合金具にはオス・メスがあり、逆延長時にオス×オスになってしまうといった間違いが生じることがある。これまで海外では、オス・メスなし同一形状のストルツ金具が使用されることが一般的であった。

　日本国内においても、オス・メスなしの同一形状をした金具を望む声が多く上がった。この要望を具現化したのがツインスター金具又はJストルツ金具である。ホース内圧を金具同士の結合力に変換する機構をもち、放水作業時に金具同士の不意の離脱も発生しない。

　これらは、高い嵌合力を備えており、遠距離大量送水用や大容量泡放水砲用の大口径ホース、ホース以外にも吸管などで多く採用されている。また、ツインスター金具は、レンチ等で締め込む必要がないという特徴がある。

ワンタッチ式結合金具

K隊員　結合金具は全国では「町野式」が主流なんですね。でも、ねじ式結合金具やワンタッチ式結合金具があることも勉強になりました。

6 消防用ホースの弱点

　鋭利なものとの接触や過度の摩擦によって、消防用ホースが傷つかないように、丈夫なジャケットが摩擦や外傷などからホースを守っている。

　だが、**ジャケットの内側で水漏れを防ぐ内張りには、ジャケットほどの強度がない。**そのため、表から見て穴が開いていないのに水漏れするという場合は、原因として内張りが損傷していることが考えられる。内張りの損傷のほとんどは硬いものをホースに強くぶつけることが原因で、なかでも取り付け金具が当たって損傷するケースが多い。

❶ 結合金具部分を固い地面に落とした・・・

　結合金具部分を誤って硬い地面などに落とすと、場合によっては、「金具のたけのこ先端部のホース」が強打されて、内張りを傷つけることになる。硬い地面と硬い金具の間に挟まれたホースに想像以上の力が加われば、内張りはいとも簡単に傷ついてしまう。

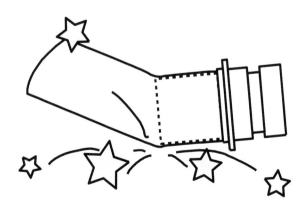

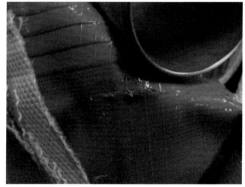

金具の角で内張りが切れた状態

② 結合金具を消防用ホースの上に落とした・・・

金属部分がむき出しになった結合金具を、誤って消防用ホースの上に落としてしまう。

ありがちなシチュエーションだが、消防用ホースにとって、想像以上に大きなダメージを与えることになる。

ジャケットがほとんど無傷でも内張りが損傷を受けていて、漏水することもありうる。

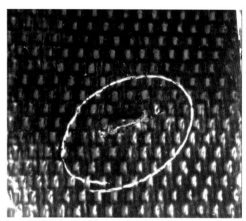

金具の先端が当たり内張りが切れた状態

③ V字屈曲・V字摩耗・破断

ホースにとって一番の敵が「V字摩耗・破断」である。これはホースがV字型に折れ曲がった状態で地面などに擦れることで起こり、新品ホースのジャケットでさえ穴が開く危険がある。

通常、水圧がかかっている状態であれば、ホースは緩やかな弧を描いてカーブしてくれるが、放水を止めて水圧が下がり、水がある程度抜けた状態になると、曲がり角が鋭いV字型に折れ曲がってしまいやすくなる。この状態でホースを引きずってしまうと、V字先端部分のジャケットだけが地面に擦られるため負荷がその一点にかかって傷つきやすく、簡単に穴が開いてしまう。

なお、訓練や現場活動終了時にホース内の水をしっかり抜かないで、引きずる際にも同様に「V字屈曲」ができ、「V字摩耗・破断」のおそれがあるので注意が必要である。

V字屈曲が発生した状態

V字破断した状態
（V字に跡が残る）

ホースを撤収するときに水が残ったまま引きずると「V字屈曲」が発生する。しっかりホース内の水を抜いてから撤収をすること‼

ホース内の水を抜いて、撤収する

G隊長

これが、「V字屈曲→V字摩耗→破断」です。
ホースにとっては、一番の敵であり、「V字屈曲」をしっかり解消することが大切です‼

7 消防用ホースの寿命・点検

❶ 消防用ホースの寿命

　ホースは使用することで摩耗する。また、時間がたつことで経年劣化が起こる。そのため、使用してもしなくても消防用ホースの平均的な耐用年数は6〜7年と言われている。

　保管状態によっても寿命が変わるため、使用後は洗浄し、ジャケット、内側を乾燥させてから風通しの良い冷暗所に保管することが望ましい。

❷ 消防用ホースの点検

(1) 外形点検

　(ア) ホース及び結合金具は、変形、損傷、著しい腐食をしていないこと。

　(イ) 結合金具の着脱が容易に出来ること。

　(ウ) ジャケット全体を通して損傷部分がないこと。

(2) 耐圧性能

　(ア) ホースを直線上に延長、充水し、消防ポンプ等により所定の圧力を5分かけて漏れや変形がないか確認する。

　(イ) 空気の残留がないことを確認してから加圧する。

　(ウ) 所定の圧力は、「消防用ホースの技術上の規格を定める省令」（昭和43年自治省令第27号）によりホースの種類に応じて定められた使用圧を基本とすること。

※耐圧性能の点検の結果、変形、損傷等がなく、ホース及び金具との接続部から著しい漏水等がないことが重要。

日本消防ホース工業会水圧点検基準

経 過 年 数	点 検 頻 度
～6年	2年に1回以上
7～10年	1年に1回以上
11年～	半年に1回以上

Y隊員

経過年数によって、
点検の頻度って変わるんですね!!

G隊長

ホースは、使用すれば当然劣化するし、
使用しなくても経年劣化するものだから、
定期点検はとても大切なことなんだ!!

K隊員

しっかり点検しながらホースを管理して
大切に使用したいと思います。

8 所属のホースの種類

S隊員

みなさんの所属で使用しているホースは
何織のホースですか？　耐熱性・耐摩耗性ですか？
商品名も知っているといいですね!!

	メーカー名	商品名	口径と長さ 何mm×何m	耐圧 何MPa	平織・綾織 耐熱性・耐摩耗性	何本所有
記入例	○○会社	○○ホース	○○mm× ○m	○.○MPa	⦅平織⦆・綾織 耐熱性・耐摩耗性	車両○本 等
1					平織・綾織 耐熱性・耐摩耗性	
2					平織・綾織 耐熱性・耐摩耗性	
3					平織・綾織 耐熱性・耐摩耗性	
4					平織・綾織 耐熱性・耐摩耗性	
5					平織・綾織 耐熱性・耐摩耗性	
6					平織・綾織 耐熱性・耐摩耗性	
7					平織・綾織 耐熱性・耐摩耗性	

※「平織・綾織・耐熱性・耐摩耗性」→該当するところに○をつけましょう。

Y隊員

使用圧力を知ることは
大切ですね!!

K隊員

車両に何本積載
していますか？

ホースの豆知識

> ホースの性能を理解することが無駄のない消防活動につながり、新たな応用が生まれる素地をつくる。

　消火活動に必要不可欠なホースは、迅速な消火活動を可能とするため、多量の水を遠くまで送り放水し、なおかつ容易に延長できるように、軽量・コンパクトであることが求められている。

　こうした必要性を満たすため、消防用ホースは筒状の織物の内面に薄い内張り（ライニング）を貼り付けた構造となっている。

　また、外表面も摩擦損傷、耐圧性能や経年劣化について考慮した構造に設計して製造されている。

　基本構造の大きな変化はないが、数十年前の消防用ホースに比べて現在のホースは格段に軽量化され、様々な工夫が施され改善されたことで非常に扱いやすくなった。

　こうした目には見えない進化こそ最大の変化であり、ホースメーカーの技術者の研究開発や技術向上の賜物である。

　数十年前のホースは重く、通水後は、ホースを動かすことが困難だった。しかし近年では、内部進入をして筒先員が動き回ることを前提に消火活動が行われるようになった。

　それにより、ホースを引きずるリスクも当然高くなり、劣化や損傷の進行が早くなる傾向にある。

　近年のこうした傾向を踏まえ、各メーカーは「摩擦損傷に関する耐久性の向上」を目的に、製品開発を行っている。

　素材や構造を工夫することで、現在の消防用ホースは、軽量で扱いやすく、それでいて耐久性能も大幅に向上したものとなっている。

　現在でも現場の消防隊員の声を基に、メーカーでは研究開発が進められている。

ホースの保管状況

第2章
ホーストレーニング

ホーストレーニングの内容

　「ホーストレーニング」とは、ホースの基本延長から応用延長及びホース整理【１～８までの種目】の流れをパターン化し、それを反復して行うことで、ホースの取扱い方を習熟することを目標に実施するトレーニングのことをいいます。

[準備]

・実施者と補助する隊員で行い、補助者には安全管理と延長の補助及び整理を行ってもらいます。

・なるべく平らな場所で実施します。

・スタートラインを設定します。

・二重巻きホース（50㎜。65㎜でも可）を準備します。（廃棄（穴あき）ホース可）

```
１ 二重巻きホース延長        ５ Ｖ延長⇒折りたたみホース作成
２ 折りたたみホース作成        ６ つまみコイル整理
３ 抱え延長⇒折りたたみホース作成   ７ 下巻きコイル整理
４ Ｚ延長⇒折りたたみホース作成    ８ 二重巻きホース撤収
```

全種目通しの動画はコチラ

[方法]

① １～８の１種目ずつを行います。

② １～８までを通しで行い、タイムを記録します。

③ ②を繰り返し行い、その都度タイムを記録していくと、成長がわかります。

　⇒タイムを記録することができます。（55ページへ）

[留意事項]

　全種目がきれいにそして早くできるようになったら、各種目、ノイズを付けて行い、ホースに通水してみてください。※通水時は、廃棄（穴あき）ホース不可

　通水時にホースの折れ（Ｖ字屈曲）などで、うまくホース内に充水しない場合は、トレーニング時の延長、整理を丁寧に実施するように心掛けてください。

　ホーストレーニングは、現場できれいにホースを延長、整理するために実施していることを忘れないでください。

※各種目の二次元バーコードでは、各延長方法と延長後の通水時の様子を動画で紹介しています。

1 二重巻きホース延長

ホース延長の基本でもある、二重巻きホースの延長方法である。

第2章 ホーストレーニング

コース

Y隊員

50mmホースを使用します。

※通水しないので、廃棄ホースで可能

動画で
見よう!!

トレーニング手順

①

スタート位置を決めてトレーニングを開始する。

②

ホースを縦に起こし、「オス金具」を右手で持ち、左手をホースにそえ、右足先で「メス金具」を押さえる。

Y隊員 前方の安全確認を忘れずに!!

③

「オス金具」を勢いよく縦に振り、ホースがまっすぐになるように延長する。

「二重巻きホース延長」は、ホース延長の基本なので、きれいにまっすぐ延長したら「オス金具」を持って1本にする。

Y隊員

できるようにトレーニングしよう！

④

延長後、「オス金具」を持ち、スタート位置に戻り次の「折りたたみホース」に移る。

❷ 折りたたみホース作成

実施
1名

　「折りたたみホース」は、ホースバッグに入る大きさに作成するとバッグへの収納も早くなる。また、一連の「ホーストレーニング」の中では、何度も繰り返し作成することになるので、このタイムを短くすることで全体のタイムを確実に短縮することができる。

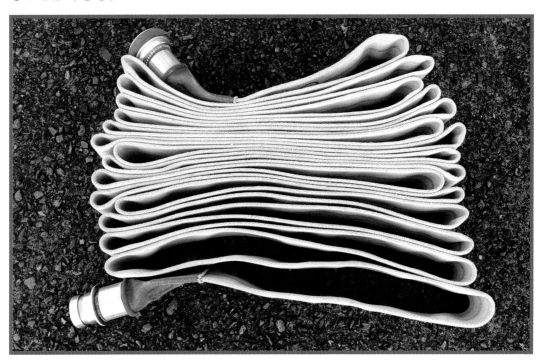

Y隊員

　「折りたたみホース」は、何度も繰り返し作成するので、「**ホーストレーニング**」を素早く実施するときの重要ポイントになると思います。
　なお、今回の「ホーストレーニング」では、「折りたたみホース」を約65〜75cmの大きさで作成しています。
　今回、紹介している作成方法でなくても可能です。

動画で
見よう!!

トレーニング手順

①

「オス金具」側から作成する。

②

折りたたむ大きさを決め、ホースがねじれないようにたぐり寄せながら折り返す。「折りたたみホース」の大きさを均等にすることにより、この後に実施する❸〜❻の延長が速くきれいにできる。

③

テンポよく均等にホースを
折り返していく。

④

「折りたたみホース」の大
きさが均等になるように作
成する。

⑤

毎回、同じ大きさ、折数に
なるようにする。

③ 抱え延長

実施1名　補助1名

　ホースの「オス金具」を下にして、「メス金具」が上に、かつ、金具が延長方向とは逆向きになるように脇でしっかり抱えて、「メス金具」側を地面に落としてから延長する。

　ホースを上側から順に解くようにまっすぐ延長し、途中でホースが束で落ちないように注意する。

延長方向

第2章　ホーストレーニング

Y隊員

ホースを上下間違えて抱えることがよくあります!!「オス金具」が**下**「メス金具」が**上**（落とす側）ですよ!!

動画で見よう!!

トレーニング手順

①

抱える脇は左右どちらでも
よい。
金具の上下は間違えないよ
うにする。

メス金具

延長方向

オス金具

②

「メス金具」を地面に置
き、「折りたたみホース」
を途中で落とさないように
しっかりと脇に抱え延長す
る。

③

ホースがねじれないように
まっすぐ延長する。

ねじれ部分

延長後「オス金具」を持ち、スタート位置に戻り「折りたたみホース」を作成する。

「折りたたみホース」の大きさが均等になるようにする。

「折りたたみホース」は、延長開始時と同じ大きさ、折数になるようにする。

4 Ｚ延長

実施1名　補助1名

ホース１本分を「Ｚ」の形にする延長方法である。

余裕ホースも含め、ホースの長さ20mの「３分の１」の距離約７ｍできれいに延長できる方法である。

ホースを「Ｚ」に整理することで、ホース１本分の長さ20mの範囲で転戦しやすくなる。

通水のイメージ

Ｙ隊員

「折りたたみホース」の「メス金具側」から「３分の１」の部分のホースと「オス金具」を持って前に進み、「Ｚ」の形にします。
ホースが均等に折りたたんであることで「３分の１」の見当がつけやすくなります。

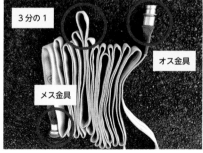

３分の１

オス金具

メス金具

動画で見よう!!

トレーニング手順

①

「折りたたみホース」の「メス金具側」から「3分の1」の部分と「オス金具」を持つ。

延長方向

↓

②

進行方向とホースの延長状況を確認しながら進む。

↓

③

前に進みホースが「Z」になったところで一旦止まる。

④

折り返し部分は、幅が狭い
と通水時にホースが水圧で
押されて「V字屈曲」がで
きてしまうので、肩幅以上
に開くことがポイント。

⑤

ホースがねじれないように
延長する。

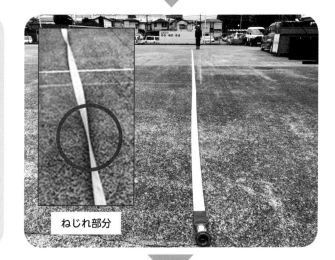

ねじれ部分

⑥

延長後「オス金具」を持ち、
スタート位置に戻り「折りた
たみホース」を作成する。

第2章 ホーストレーニング

「折りたたみホース」は、
テンポよく折り返していく。

⑧

何度も作成するので大きさ
も折数も安定してくる。

Y隊員

「Z延長」は「3分の1」部分をしっかり見極める
ことがポイントです。そうするときれいな「Z」
の形になります。「Z」の長さが合わないときは、
「ホースの長さを調整し」リカバリーしましょう‼

5 Ｖ延長

　「Ｖ延長」は、前に進む「Ｚ延長」とは違い、後方にホースを整理する方法である。

　火点直近でホースを後方にしか延長できないときに有効な方法である。

　「折りたたみホース」の約「２分の１」の部分を持って後方に延長する。

　※「ホーストレーニング」では、前に進む形で実施する。

通水のイメージ

Ｙ隊員

折りたたみホースの「**２分の１**」の部分を持って延長します。
ホースが均等に折りたたんであることで「２分の１」の見当がつけやすくなります。

動画で見よう!!

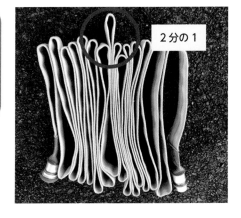

２分の１

トレーニング手順

①

折りたたみホースの「2分の1」の部分をしっかり見極めて持つことが大切である。

②

本来は後方に延長するが、トレーニングでは前方に向かって延長する。

③

ホースを伸ばす進行方向をしっかり見て、ホースを延長する。

④

折り返し部分は、幅が狭い
と通水時にホースが水圧で
押されて「V字屈曲」がで
きてしまうので、肩幅以上
に開くことがポイント。

⑤

折り返し部分から「オス金
具」の場所に移動して最後
の「折りたたみホース」を
作成する。

Y隊員

「V延長」時のトレー
ニングは「V」の形
のまま「折りたたみ
ホース」の作成に入
ります。

「折りたたみホース」の作成は、これが最後になる。

Y隊員

何回も「折りたたみホース」を作成するので、随分上達してきました‼
「折りたたみホース」の大きさを均等にすることにより、「ホース延長」が速くきれいにできるようになるので、とても大切ですね‼
トレーニングを重ねてコツをつかんでください‼

6 つまみコイル整理

実施 1名 補助 1名

「つまみコイル整理」は、ホースバッグに収納している折りたたみホースの状態からコイルに変換する方法である。

つまみコイルからの通水イメージ

Y隊員

1つ目の折り返し部分から「**2つ飛ばし**」でつまみますが、「折りたたみホース」が小さい場合には「**3つ飛ばし**」にすることもあります。

▶動画で見よう!!

◎ トレーニング手順

①

「オス金具」側から折りた
たみ部分を「2つ飛ばし」
で、手のひらの上にホース
を重ねていく。

②

つまむ位置は、間違えない
ようにする。

③

上へ上へと重ねていく。

④

重ねたホースをしっかり広げて「コイル」にしてきれいに置く。

⑤

通水後、ホースが円滑に延長できるように「オス金具」が内側に、「メス金具」が外側になるように置く。

⑥

内側にある「オス金具」を持ち、延長する。

⑦

まっすぐにホースを延長する。ホースがねじれた場合は、ねじれを修正する。

ねじれ部分

⑧

「オス金具」を持ち、スタート地点に戻りそのまま次の「下巻きコイル」を実施する。

Y隊員

「折りたたみホース」からの「コイル変換」は、進入前の場面で活用する大事な展開方法です。
ホースをつまむ位置を間違えないようにすることと、ホースは「オス側」から取り、手のひらの上にきれいに重ね、均等の大きさで作成できるように何度もトレーニングしましょう。
作成後にホースを置く方向に気を付けるとホースがねじれることなく、延長できます。

7 下巻きコイル整理

実施1名 補助1名

　「下巻きコイル」は、ベランダなどでの通水前にホースを引き込みながら「コイル」を作成する際に使用する。ホースの延長状況に応じて、1〜2巻きでも「コイル」が作成できるのでとても便利である。

「下巻きコイル」作成状況

Y隊員

大きさに注意してきれいな「コイル」を作成するようにがんばりましょう!!

動画で見よう!!

トレーニング手順

① 「オス金具」側を持ち、手のひらの上にホースをずらしながら重ね、「コイル」を作成する。

② 下巻きでホースを引き込むようにすることがポイント。

③ 引き込みながら大きさを調整する。

④ 大きさを確認しながら調整する（50mmホースでは直径約170cmとしている。）。

⑤ 大きさを調整しながら何回か巻き、しっかり広げてきれいな「コイル」にする。

⑥ 「オス金具」が内側になり、「メス金具」が外側になるように置く。

内側にある「オス金具」を
持ち、延長する。

ねじれの無いように延長す
る。

ねじれ部分

Y隊員

ナイスコイル!!
次は最後の「二重巻きホース撤収」です。

8 二重巻きホース撤収

「二重巻きホース」は、ホースの収納方法で多く使用されている基本の型となる。収納や次回の使用のため、きれいにしっかりと巻くことがとても大切である。

Y隊員

今回の「ホーストレーニング」は、一人巻きで実施していますが、二人巻きも可能です。

動画で見よう!!

トレーニング手順

① 「オス金具」を「メス金具」部分に持っていく。

② ホースを2本重ねる。

③ 折り返し部分から約50〜60cmずらし、きつくしっかりと巻き始める。

④

きれいにしっかりと「二重巻きホース」を作成する。

⑤

ホーストレーニング終了。

G隊長

ホーストレーニングの各種目延長後、通水することにより、延長のポイントが理解できると思います。ホーストレーニング→通水→ホーストレーニングを繰り返して実施してみてください。

Y隊員

ホーストレーニング通しの動画もあるので流れを確認してください。(p.26参照)

Y隊員

おつかれさまでした。
タイムを記録するとやる気が倍増します‼

第2章　ホーストレーニング

トレーニングタイム記録表について

　次のとおり登録していただくと、ホーストレーニングの結果（タイム）を記録、保存することができます。

　日々の訓練成果の蓄積・確認にご活用ください。

記録表を利用するには利用者登録が必要です

トレーニング
タイム記録表はこちら!

❶　新規登録画面を表示して、メールアドレスを入力してください。

❷　登録いただいたメールアドレス宛にパスワードをお送りします。

　※必ず利用規約を確認してください。

❸　ログインしていただくと、タイムの記録・確認ができます。

❹　操作方法は、メニュー画面から「マニュアル」をご覧ください。

第3章
ホースバッグ延長

　本章では、ホースバッグ（50㎜×2本）からの延長方法のトレーニング（訓練）を紹介する。

　ホースバッグへは、「折りたたみホース」を2本横に並べて収納する。

　延長方法は「第2章　ホーストレーニング」で紹介しているので、トレーニング（訓練）をしっかりと実施し、理解する。

1 ホースバッグ設定

ホースバッグ【50mmホース×2、ガンタイプノズル、ボールコック】

K隊員

ボールコックは無くても大丈夫です。
その他必要と思われる資機材は各所属で検討してください。

バッグ設定手順

①

「折りたたみホース」を2本作成し、オス金具側を下にして前後逆に1本ずつホースバッグへ収納する。

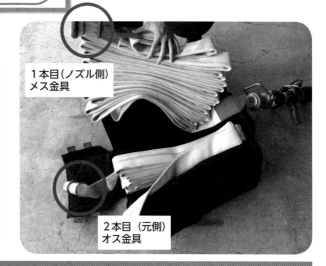

1本目（ノズル側）
メス金具

2本目（元側）
オス金具

POINT 1本目（ノズル側）のホースのオス金具にガンタイプノズルを結合するので2本目（元側）のホースは1本目とは前後逆にして入れる。1本目（ノズル側）と2本目（元側）の結合部はバッグ内（ホースの上部で結合）に入れる。ホースの向きは、ホースバッグの開く面の方に〇を付した結合部がくるように入れる。

②

1本目と2本目を結合し、バッグ内の上部に置く。

1本目と2本目の結合部

③

2本目（元側）のホースの「メス金具」をホースバッグの外に出して固定、ガンタイプノズルも同様にバッグの外に出して固定する。

元側
メス金具

第3章 ホースバッグ延長

④

ホースバッグ設定完了状態
【側面】

⑤

ホースバッグは、片側だけ
に開く面がある。

K隊員

「折りたたみホース」をホースバッグに収納する大
きさに作成すると設定も早くなります。

2 ホースバッグの種類

　ホースバッグには様々な種類がある。どのホースバッグも「折りたたみホース」が収納できるようになっているので、保有するホースに合わせた設定方法を検証していただきたい。

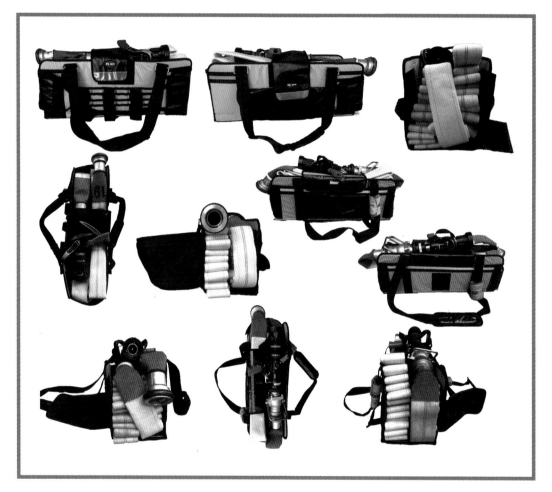

K隊員

　いろいろなホースバッグがありますね。自分たちが保有しているホースバッグに適した設定方法を見付けてください。
　バッグがない場合は、2本のホースをバンドで止めても代用できると思います。

ここからの延長方法のトレーニング（訓練）では、「1ホース バッグ設定」で設定した1本目（ノズル側）のホースを「ノズル 側のホース」、2本目（元側）のホースを「元側のホース」と呼 んで解説する。

❸ 1本・Z延長

実施 2名

ホースバッグに納めたホースのうちのノズル側の1本のみを使用して、「Z延長」 する。

延長完了後のイメージ

動画で 見よう!!

K隊員

ホースバッグから1本のホース（ノ ズル側ホース）を使用して前に出る 延長です。きれいに、そして迅速な 「Z延長」を目指してください。

トレーニング手順

①

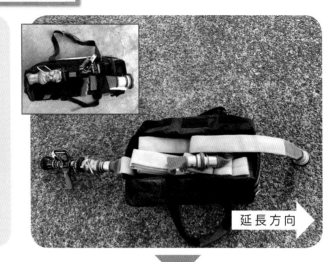

ホースバッグの開く面を延長方向に向け、外側に固定したノズルと「メス金具」を外してからホースバッグを開く。

延長方向

②

ノズル側のホースと元側のホースの結合部を離脱させる。

③

離脱させたノズル側のホースの「メス金具」を元側の隊員に渡す。

ホースバッグの開く面を延長方向に向け、開放する。

「ホーストレーニング」で実施したように延長する隊員は、ホースの「メス金具側」から「3分の1」の部分とノズルを持つ。

⑥

後方のホースの動きに注意しながら延長する。ホースバッグは元側の隊員が活動に支障がない場所に片付ける。

第3章 ホースバッグ延長

⑦

折り返し部分は、幅が狭いと通水時にホースが水圧で押されて「V字屈曲」ができてしまうので、肩幅以上に開くことがポイント。

⑧

きれいな「Z」の形に延長する。

K隊員 通水するスピードに注意してください。

⑨

ホースに「V字屈曲」ができないようにする。

実施
2名

❹ 2本・Z延長

ホースバッグに納めた2本のホースを使用して、「Z延長」する。

延長完了後のイメージ

K隊員

延長の際のホース整理は、「V字屈曲」ができないようにホースの折れ曲がり部分の幅を肩幅以上に広げてから置くようにします。トレーニングを継続して実施することにより、「ホースバッグ延長」がきれいにできるようになります。

◀動画で見よう!!

トレーニング手順

① ホースバッグの開く面を延長方向に向け、外側に固定したノズルと「メス金具」を外してからホースバッグを開く。

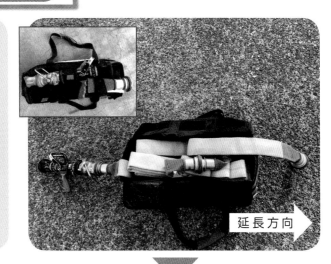

延長方向

② 元側のホースの「メス金具」を元側の隊員に渡す。

③ ホースバッグの開く面を延長方向に向け、開放する。

④ 元側のホースの「メス金具」側からホース2本分（全長）の「3分の1」部分とノズルを持ち、延長する。

2本分のホースの3分の1部分を持つ

⑤ 後方のホースの動きに注意しながら延長する。

⑥ ホースバッグは、元側の隊員が活動に支障のない場所に片付ける。

「V字屈曲」を防ぐため、
ホースの折り返し部分は、
肩幅以上に開く。

きれいな「Z」の形に延長
する。

K隊員
通水するスピードに
注意してください。

⑨

ホースに「V字屈曲」がで
きないようにする。

5 1本・Ｖ延長

　「Ｖ延長」は火点直近で、後方にしかホースを延長できないときに有効な延長方法である。ホースバッグ内のノズル側のホースを１本のみ使用して「Ｖ延長」する。

延長完了後のイメージ

K隊員

「Ｚ延長」は前に行く延長方法、「Ｖ延長」は後ろに行く延長方法と使い分けをしっかりとすることが大切です。

動画で見よう!!

トレーニング手順

①

収納状態からホースバッグを開放する。ノズル側のホースと元側のホースの結合部を離脱する。

②

離脱したノズル側のホースの「メス金具」を元側の隊員に渡す。

③

ホースバッグの開く面を延長方向に向け開放し、ノズル側の「折りたたみホース」の「2分の1」の部分を持つ。

2分の1部分

④

火点側より後方にホースを
延長する。

⑤

ホースバッグは、元側の隊
員が活動に支障のないとこ
ろに片付ける。

⑥

「V字屈曲」を防ぐため、
ホースの折り返し部分は、
肩幅以上に開く。

きれいな「V」の形に延長する。

第3章 ホースバッグ延長

K隊員

通水のスピードに注意してください。

6 2本・W延長

「2本・W延長」は、火点直近で、後方にしかホースを延長できないときに有効な延長方法で、2本同時に延長し、転戦にも対応できる方法である。

ホースバッグ内のホース2本を使用して「W延長」する。

延長完了後のイメージ

K隊員

ノズル側の隊員と分水器の間に「W」の形ができるので隊員間のスペースを適度にとってください。

動画で見よう!!

◎ トレーニング手順

① ホースバッグの外側に固定したノズルと「メス金具」を外してからホースバッグを開き、収納状態からホースバッグを開放する。

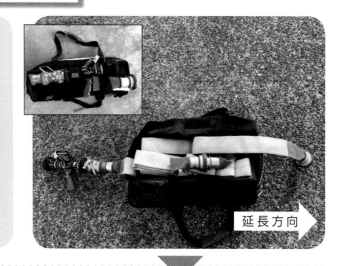

延長方向

② 元側のホースの「メス金具」を元側の隊員に渡す。

③ ホースバッグの開く面を延長する後方に向け、開放する。

④

1本ずつ縦に収納している「折りたたみホース」2本のそれぞれ「2分の1」の部分を持ち、後方に延長する。

2分の1部分

⑤

途中で落とさないように注意してしっかり持つ。

⑥

後方に2本のホースを延長する。ホースバッグは元側の隊員が活動に支障のない場所に片付ける。

「V字屈曲」を防ぐため、
ホースの折り返し部分は、
肩幅以上に開く。

「2本・W延長」完成。

通水のスピードに
注意してください。

7 前Z・後ろV延長

「前Z・後ろV延長」は、前方に1本、後方に余裕ホースを考慮した1本の計2本のホースを同時に延長する方法である。

延長完了後のイメージ

K隊員

2本のホースを活用して前後に1本ずつ、限られたスペースでの延長方法です。
隊員間のコミュニケーションがとても大切になります!!

動画で見よう!!

トレーニング手順

① 収納状態からホースバッグを開放する。前方に延長する隊員は、ノズル側のホースの結合部から「3分の1」部分とノズルを持つ。

3分の1部分

② ノズル側の隊員は、「Z延長」を実施する。

③ 後方に延長する隊員は、元側のホースの「2分の1」部分を持つ。

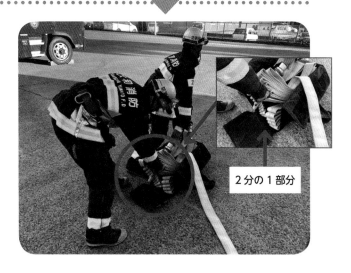

2分の1部分

④ 元側の隊員は「Ⅴ延長」を実施する。

⑤ 声を掛け合いながらホースをしっかりと延長する。ホースバッグは元側の隊員が活動に支障がない場所に片付ける。

⑥ ホースがまっすぐになるように延長する。

「V字屈曲」を防ぐため、ホースの折り返し部分は、肩幅以上に開く。

「前Z・後ろV延長」完成。

K隊員

通水のスピードに注意してください。

K隊員

元側の隊員はノズル側の隊員のホースの延長が完了していることを確認したうえで通水します。

8 前コイル・後ろＶ延長

「前コイル・後ろＶ延長」は、屋内進入時などを考慮した延長方法である。ノズル側のホースをコイルに展開し、余裕ホースを考慮した元側のホースを後方に延長する。

延長完了後のイメージ

K隊員

ホースバッグからホースを一旦出したほうが、
簡単にコイルを作成できます!!

◀動画で
見よう!!

トレーニング手順

①

ホースバッグを開放し、コイルに展開するノズル側のホースをバッグから出す。

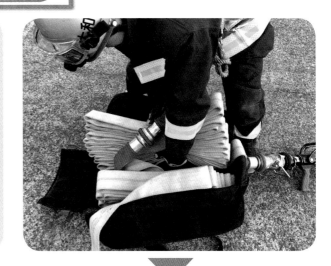

②

「ホーストレーニング」で実施したように「つまみコイル」を作成する。

③

折りたたみ部分を2〜3つずつ飛ばして手のひらの上に重ねる。

POINT ※ホースバッグの大きさにより、ホース収納の大きさが変わるため、適度な大きさになるように「コイル」を作成する。

④

つまむ箇所を間違えないよ
うに注意する。

⑤

手のひらの上に重ねたホース
を両手でしっかり広げて「コ
イル」にしてホースを置く。

⑥

置いたときにホースの流れ
に十分注意する（ノズルが
内側になる。）。

⑦

後方に延長する隊員は、元側のホースの「2分の1」の部分を持ち、後方に「V延長」を実施する。

2分の1部分

⑧

後方に延長するときは、安全に十分注意すること。

⑨

「コイル」と「V延長」のホースの流れに十分注意すること。ホースバッグは「V」側の隊員が活動に支障のない場所に片付ける。

「Ｖ字屈曲」を防ぐため、ホースの折り返し部分は、肩幅以上に開く。

「前コイル・後ろＶ延長」完成。

K隊員

通水のスピードに注意してください。

K隊員

元側の隊員はノズル側の隊員のコイルが完成していることを確認したうえでコイルが崩れないように通水します。

第4章
ホース整理・展開

　本章では、50㎜ホースは「耐熱性・耐摩耗性ホース」を使用している。

　ホースメーカーが推奨している耐圧性能を満たしていないホースや穴あきホースなどを使用するとホースが損傷（バースト）するおそれがあるので、実施時には、所属での安全管理を徹底し訓練を実施していただきたい。

　なお、結合部の離脱防止策も講じてほしい。

① Z延長からのコイル整理

実施
2名

　ホーストレーニングで実施した「Z延長」で通水後の形から「コイル」に変換・整理する方法である。

　きれいにホースを整理することで、次の活動も円滑に行えるようになる。

「Z延長」から「コイル」に整理が完了

動画で
見よう!!

S隊員

通水されているホース内には高い水圧がかかっています。地面に叩き付けないようにしましょう!!
※バーストするおそれがあります。

トレーニング手順

①

「Z延長」し、通水完了時点からスタート。

②

ノズルを保持している隊員の近くにある「U字」になっているホースの頂点部分を持つ。

③

右側にホースを倒し1つ目の「コイル」を作成する。「コイル」と「U字」の形になる。

S隊員 この形になるのがポイントですね!!

U字

コイル

④

「U字」側のホースを1つ目の「コイル」の上に重ねて、2つ目の「コイル」を作成する。

⑤

指差し呼称して「V字屈曲」がないことを確認する。

S隊員

指差し呼称しての確認はとても大切ですね。

3つ目の「コイル」を作成する前にノズル側に2つに重なった「コイル」を移動させる。

S隊員

「V字屈曲」があると移動時にホースが損傷するので注意しましょう。

分水器　U字

第4章　ホース整理・展開

二股分岐媒介金具（以下「分水器」という。）側にできている「U字」になっているホースの頂点部分を持つ。

⑧

頂点部分をノズル側のホースの右側に向かって倒す。

⑨

3つ目の「コイル」を作成する。

⑩

「コイル」を反転させ、先に作成した2つの「コイル」の上に重ねて完成。

❷ コイルからの進入

実施
2名

「コイル進入」は、「コイル」の状態からノズルを保持している隊員が屋内に進入するが、ここでは、分かりやすくするために「オープンスペース」で実施している。

「コイル」から進入を開始

第4章 ホース整理・展開

S隊員

屋内進入時に限られたスペースでの活動になることを忘れずにトレーニングを行いましょう!!

▶動画で見よう!!

◎ トレーニング手順

①

隊員が進入を始めると、「コイル」が折れ「V字屈曲」が発生する。

S隊員 「V字屈曲」ができにくいホースもあります。

②

「V字屈曲」の屈曲部分を持ち上げ、軽く投げるようにして引きずりを防ぐ。

③

2～3つ目の「コイル」も同様に「V字屈曲」を解消させる。

④

何回も実施するうちにノズルを保持している隊員が前に進むスピードで「コイル」の折れるタイミングが分かるようになる。

⑤

現場では空気呼吸器を装着していることも考慮して、少ない動きで「V字屈曲」を解消させるようにする。

⑥

隊員間でコミュニケーションを取りながら実施するとスムーズな活動になる。

⑦

隊員進入完了。

3 コイル移動

実施
2名

「コイル移動」は、狭い場所でホースを延長できない場合に、「コイル」を立てて転がし、余裕ホースを移動させる方法である。

ここでは、分かりやすくするために「オープンスペース」で実施しているが、本来は狭い場所での進入、退出及び移動などで使用する。

第4章

ホース整理・展開

「コイル」を立てて移動

S隊員

ホースを転がして移動するので、突起物のある地面等ではホースが損傷するおそれがあるため注意してください。

動画で
見よう!!

トレーニング手順

①

「コイル」が大きすぎると転が
せないため「コイル」の大きさ
に注意する。

S隊員 「コイル」の前後の
ホースを引くと大き
さを調整できます。

②

「コイル」を立てて、前に
延長されているホースに沿
うように転がす。

③

「コイル」をノズルを保持
している隊員の近くまで転
がしたら、ノズル側のホー
スが上になるように倒す。

④

平面の移動はもちろんのこ
と、階段などの上下移動も
可能。

⑤

「コイル移動」を行うとき
には、地面にある突起物に
よるホースの損傷や階段で
の結合部の離脱に注意する。

第4章　ホース整理・展開

S隊員

「ホース整理」や「コイル移動」などでは結合部
が動き、離脱する危険性があるため、離脱防止策
を講じています。

ホース離脱防止方法

[器 具 等]

塩ビパイプをカットして作成

取っ手付き

ロープ

[活用方法]

ノズルとホース間に器具を取り付けた状態

ホース間に器具を取り付けた状態

分水器とホース間に器具を取り付けた状態

ホース間にロープを結着した状態

4 ホース引き戻し

実施 3名

「ホース引き戻し」は、進入したホース（ノズルを保持した隊員）を引き戻す方法である。

第4章 ホース整理・展開

S隊員

ホースを引き戻すスペースを想定して、コイルの大きさや巻く回数を考え、引き戻してください。

動画で
見よう!!

トレーニング手順

①

分水器側の隊員と引き戻す側の隊員は、対角の位置に立つ。

②

分水器側の隊員は、ホースが滑らないように足で押さえ、引き戻す側の隊員は、ホース全体の「3分の1」部分を持つ。

3分の1

③

分水器側の隊員にホースで「コイル」を作るように渡す。

④

分水器側の隊員は、しっかりと受け取る。

⑤

分水器側の隊員は、1つ目の「コイル」の重なっている箇所を足で押さえて、2つ目の「コイル」が来るのを待つ。

引き戻す側の隊員は、ノズルからコイルまでの長さの「2分の1」部分のホースを持ち、「コイル」を作成する。

2分の1

⑥

分水器側の隊員は、しっかりと受け取る。

⑦

分水器側の隊員は、「コイル」を整えることも大切な仕事である。

⑧

「主役」は、ノズルを保持している隊員の活動なので、「引き戻し」を実施する隊員が中心となって、コミュニケーションを取りながら実施する。

⑨

分水器側の隊員は、しっかりと受け取る。

この「引き戻し」のトレーニングでは、「コイル」を3つ作成したが、現場の状況や「コイル」の大きさに応じて1～2つでもよい。

S隊員

ホースを足で押さえますが、普段の「器具の愛護」は忘れないでください。
ホースを踏むのが「当たり前」だと解釈しないでくださいね‼

5 進入前整理

実施
3名

「進入前整理」は、延長した後のホースを整理する方法である。

ドアの前はもちろん、三連はしごの下でも進入前のホースの整理が可能になる。

延長したホースを進入前にコイル整理

S隊員

「進入前整理」のトレーニングをしておけば、いつでもどこでも「コイル」が作成できます!!

動画で
見よう!!

※ 3人実施のほか、2人実施、三連はしご
　実施の動画があります。

トレーニング手順

①

「ホース引き戻し」と同じように、ノズルを保持している隊員のほかに2人の隊員で実施する。

S隊員
ノズルを置けば2人でも実施可能です。

②

ノズルを保持していない2人の隊員は、対角の位置に立つ。ノズル側の隊員は、ホースがずれないように足で押さえる。

③

ホース側の隊員が「コイル」を作成し、ノズル側の隊員が、しっかりと受け取る。

第4章　ホース整理・展開

ノズル側の隊員は、1つ目の「コイル」の重なっている箇所を足で押さえて2つ目の「コイル」を待つ。「コイル」を作成する隊員は、「コイル」の大きさを見極めて作成する。

⑤

ノズル側の隊員は、しっかりと受け取る。

⑥

ノズル側の隊員は、「コイル」を整えることも大切な仕事である。

⑦

このトレーニングでは、「コイル」を3つ作成するが、現場の状況やホースの延長状況によっても変わることを考慮する。

⑧

3つ目の「コイル」が完成したが、ノズル側のホースが下になっているため、このままではホースを延長できない。

⑨

2人で「コイル」を立てて反転させる。

ノズルから離れている場合は、「コイル移動」して、反転させることによりノズルに近い場所に「コイル」ができる。

「進入前整理」完成。

S隊員

「Ｖ字屈曲」を防ぐため、ホースの流れに注意してください。
この方法は、三連はしごでの「進入前整理」にも有効ですね!!

おわりに

　私が消防吏員を拝命した昭和の時代には、訓練の意味や意図などを考えることはなく、がむしゃらに突き進み、上司や先輩の言う事に従えばよい、という風潮が当たり前とされていました。この時代は、火災件数も多く、災害現場での経験がそのまま各自の技量に結びついており、訓練の非合理性や先輩の理不尽さなどは、現場で相殺される、古き良き時代であったと言えます。近年、火災件数は減少した代わりに、消防吏員の災害経験にも、変化が現れています。かつてのような、ただ訓練だけこなしていれば、出動した火災現場で答えあわせができて、現場の玄人、が出来上がっていた時代ではないという現実を、我々にいやが上にも突きつけています。

　昨今、日々の訓練にも、何のためにやるのか、何故このやり方でやるのかの説明を、若い消防吏員達は当たり前の事として、求めています。こうした現状を踏まえて、毎日、短い時間で、一人でもロープを触るような事をホースに置き換え、時代に合った訓練法の一つとしてホーストレーニングにたどり着きました。

　この本は、消防吏員であれば火災現場で必ず使う消防ホースを、より効率的に、より効果的に扱うための教則本です。通水前のホースの扱いから、通水後のホースのまとめ方、展開のコツなどが、動画とともに分かりやすく説明されています。このトレーニングを十分に理解すれば、火災現場で必ず答えあわせができると思います。

　夜間に火災出動し、無我夢中で放水活動を行い、明け方にようやく鎮火して、ホッとした経験をされた方は多いと思います。日が昇る頃ヘトヘトになって、現場の困難さを物語るように入り乱れた何本ものホースを、知恵の輪を解くように撤収した経験を思い出しませんか。

　ホーストレーニングの真髄を理解することができれば、鎮火後の景色が変わります。もうヘトヘトになった身体で、知恵の輪を解く必要はなくなるでしょう。

　この本の、ホーストレーニングの目的は、火災現場での効率的な活動です。効率的な活動は、すなわち隊員の安全に繋がります。我々消防吏員の本懐は、人を助けることですが、同時に自身の身も守らねばなりません。

　この本を通じて身につけた技術が、全国の消防士の力となり、より良い現場活動に結びつく事を切に願い、結びの言葉とさせていただきます。

　令和３年６月

大和市消防本部
消防署長　　中丸　剛仁

編集スタッフ

藤森　玄二

中丸　琢弥

下大迫　洸

小林　幹太

山手　和樹

資料、写真提供

一般社団法人　日本消防ホース工業会

ホース延長・整理がうまくなる

ホーストレーニング 〔動画プラス〕

令和 3 年 7 月15日　初 版 発 行
令和 4 年 8 月10日　初版 2 刷発行

編　著／大和市消防本部
発行者／星　沢　卓　也
発行所／東京法令出版株式会社

112-0002	東京都文京区小石川 5 丁目17番 3 号	03(5803)3304
534-0024	大阪市都島区東野田町 1 丁目17番12号	06(6355)5226
062-0902	札幌市豊平区豊平 2 条 5 丁目 1 番27号	011(822)8811
980-0012	仙台市青葉区錦町 1 丁目 1 番10号	022(216)5871
460-0003	名古屋市中区錦 1 丁目 6 番34号	052(218)5552
730-0005	広島市中区西白島町11番 9 号	082(212)0888
810-0011	福岡市中央区高砂 2 丁目13番22号	092(533)1588
380-8688	長野市南千歳町1005番地	

〔営業〕TEL 026(224)5411　FAX 026(224)5419
〔編集〕TEL 026(224)5412　FAX 026(224)5439
https://www.tokyo-horei.co.jp/

ISBN978-4-8090-2500-6